CHRISTIAN SIMON

Mitte
mit Wedding und Tiergarten

Bild S. 2:
Ansicht
Unter den
Linden von
Anna Bilinska,
1890

Abbildungen

Adobe Stock (Patryk Kosmider): Titelbild; akg-images, Berlin: 8 (Gert Schütz), 12 (Elsengold Verlag/Sammlung Wolfgang Holtz), 19 (Günter Schneider), 20, 28(Elsengold Verlag/Sammlung Wolfgang Holtz), 41, 48 (Reimer Wulf); Allianz Real Estate GmbH: 6/7; Architektonisches Skizzenbuch XLIX, Blatt 4 (1961): 45; Archiv Volker Wagner, Berlin: 22; Bundesarchiv: 9, 11 (Joachim F. Thurn), 14 (Ugo Proietti), 23, 32, 37 (Carl Weinrother), 47 (John Graudenz); Christian Simon: 15, 16/17, 29, 34, 35, 36, 40, 43, 44, 51, 52, 53, 56, 63, 66; Wikimedia Commons: 2 (Nationalmuseum Warschau), 10 (Jörg Zägel), 18 (Manfred Niermann), 25, 26 (Avda/ www.avda-foto.de), 27 (Times), 30/31, 31 (Achim Raschka), 33 (Angela M. Arnold), 38 (Manfred Brueckels), 39 (Jörg Zägel), 42, 46, 49 (Elikross), 50 (Friedrich Albert Schwarz), 52/53 (Jean-Pierre Dalbéra), 54+55 (Kuli), 57 (Angela M. Arnold), 58 (Miriam Guterland), 59 (Peter Kuley), 61 (Mfriedrich111), 62 (Christian Mentel), 64 (OTFW) 65 (Heinrich Graf).

Impressum

Gestaltung und Satz: Mario Zierke, Berlin
Printed in Slovenia
ISBN 978-3-96201-031-7

INHALT

Vom Brandenburger Tor zum Humboldt Forum

Die Rotunde im Innenhof des Allianz-Forums am Pariser Platz bietet Platz für Veranstaltungen.

Wir beginnen unseren Spaziergang am **Brandenburger Tor** und gehen dann die Straße **Unter den Linden** entlang. Der 1573 angelegte Reitweg wurde 1647 befestigt und mit Linden bepflanzt, so dass eine Allee entstand.

Das weltbekannte Brandenburger Tor ist das einzige noch erhaltene Stadttor der Zollmauer, die von 1736 bis 1865 bestand. In seiner heutigen Gestalt besteht das Tor seit 1791, die **Quadriga** wurde zwei Jahre später daraufgesetzt. Dem Tor vorgelagert ist der quadratische **Pariser Platz** als repräsentativer Eingang in die Stadt. Platz und Tor lagen von 1961 bis 1989 im DDR-Grenzgebiet und waren für die Öffentlichkeit nicht zugänglich. Bis auf Reste der Akademie der Künste hatte man nach Kriegsende alle Ruinen abgerissen – der Platz war leer geräumt.

Umrunden wir den Platz im Uhrzeigersinn, um die Neubauten kennenzulernen: Rechts neben dem Tor steht seit 2000 das **Haus Liebermann**. Das Geschäftshaus ist dem alten Gebäude nachempfunden, in dem der Maler Max Liebermann von 1892 bis 1935 wohnte.

Nach dem **Palais am Pariser Platz** folgt das 1997 von der Dresdner Bank erbaute Gebäude mit einem überdachten Innenhof. Es gehört seit 2008 der Allianz. Daneben steht der Neubau der 2003 eröffneten **Französischen Botschaft**, die bereits seit 1835 hier ansässig war und nun wieder ist.

Im angrenzenden im Jahr 2000 eröffneten Eckgebäude **Pariser Platz 4 A** hat das Magazin „Der Spiegel" seit 2006 sein Hauptstadtbüro.

Dem schließt sich das 1999 fertiggestellte Wohn- und Geschäftshaus Unter den Linden 78 an. Hier befindet sich eine Vertretung der Europäischen Kommission mit Informationsbüro.

Gegenüber steht der 1997 eröffnete Neubau des Luxus-Hotels Adlon, das sich 2003/04 in angrenzende

Gebäude erweiterte. Das wesentlich kleinere erste Hotel Adlon war 1907 an gleicher Stelle eröffnet worden und brannte 1945 aus. Das Hauptgebäude wurde 1952 beseitigt, ein Seitenflügel 1984 gesprengt.

Die Ruine des Hotels Adlon nach den Kriegszerstörungen, Blick von Unter den Linden

Neben dem Adlon eröffnete 2005 wieder die **Akademie der Künste** am alten Standort mit großer Glasfassade. Integriert sind Gebäudereste des Altbaus, in dem die Akademie seit 1907 beheimatet war. Später nutzten die DDR-Grenztruppen die Räume.

Rechts davon steht das Gebäude der **DZ-Bank**, das 2001 bezogen wurde. Frank O. Gehry entwarf einen großen Quader aus Stein und Glas. Spektakulär ist die riesige amorphe Skulptur, die den ganzen Innenhof ausfüllt und als Konferenzsaal dient.

Als letzter Neubau am Platz wurde 2008 die **US-Botschaft** eröffnet, deren Festungscharakter mit ihrer eher langweiligen Fassade oft ebenso kritisiert wird wie die Überwachung der Passanten davor und die Abhöranlagen auf dem Dach. Auf demselben Grundstück befand sich seit 1931 die alte US-Botschaft, deren Gebäude dem Krieg zum Opfer fiel.

Links neben dem Brandenburger Tor steht seit 1998 das Bürogebäude **Haus Sommer**, gebaut von Josef Paul Kleihues für die Commerzbank.

Die Britische Botschaft,
hier auf einem Bild von 1937

Wir kehren um und gehen zur **Wilhelmstraße**. Beim Blick nach rechts markiert der in die Straße ragende Fahnenmast mit dem Union Jack den Standort der **Britischen Botschaft**. Die Briten hatten an gleicher Stelle schon seit 1875 ihre Gesandtschaft. Die Kriegsruine wurde 1950 beseitigt. Den heutigen Neubau eröffnete Königin Elisabeth II. im Jahr 2000 persönlich.

Wir können für unseren Weg die **Mittelpromenade** nutzen. Der Abschnitt zwischen Glinka- und Charlottenstraße ist allerdings noch bis Ende 2020 wegen des Baus der U-Bahn-Linie 5 gesperrt.

An der linken Straßenecke steht die **diplomatische Vertretung von Ungarn**. Das alte Botschaftsgebäude von 1965 mit seiner abweisenden Fassade wurde 1999 abgerissen und der kleinere Neubau ausgerechnet am Abend des 11. September 2001, dem Tag der Angriffe auf das World Trade Center in den USA, eröffnet.

Neben der alten ungarischen Botschaft stand die 1967 errichtete **Botschaft von Polen**. Sie wurde 2016 für einen geplanten Neubau abgerissen, dessen Fertigstellung für 2021 vorgesehen ist.

Schräg gegenüber (rechts) steht der Komplex der **Botschaft der Russischen Föderation** im monumentalen Stil der Sowjetzeit. Das ursprüngliche, seit 1837 genutzte Gebäude an der Stelle des heutigen Hauptgebäudes wurde im Februar 1944 bei Luftangriffen zerstört. Der Neubau mit der 18 Meter hohen Turmlaterne konnte 1952 eröffnet werden. Zu den wichtigsten Räumen zählen der 19,5 Meter hohe Kuppelsaal mit Marmorsäulen, der Wappen- und Spiegelsaal mit wertvollen Intarsien und kostbaren Möbeln. Der Festsaal bietet 400 Personen Platz. Durch den Bau weiterer Wohn- und Geschäftshäuser in den 1960er- und 1970er-Jahren bis zur Glinka- und zur Behrenstraße ist das Botschaftsgelände heute etwa achtmal größer als zuvor und damit der größte Botschaftskomplex in Berlin.

Die Botschaft der Russischen Föderation

Auf der linken Seite gegenüber, zwischen **Schadow- und Neustädtischer Kirchstraße**, steht ein Bürogebäude des Deutschen Bundestags (Unter den Linden 48/56), das einen ganzen Straßenblock einnimmt. Es handelt sich um das ehemalige DDR-Ministerium für Außenhandel und Innerdeutschen Handel von 1965. Bis 1995 wurde das heutige **Otto-Wels-Haus** umgebaut und aufgestockt. Ebenfalls 1995 entstand auch das darauffolgende Büro- und Geschäftshaus **Haus Pietzsch** (Nr. 42) mit dem **Café Einstein** im Erdgeschoss.

In Nr. 40 folgt das sogenannte **Französische Palais**, das 1908 erbaute ehemalige Verwaltungsgebäude der Internationalen Schlafwagengesellschaft. Zu DDR-Zeiten hatten hier u. a. die Kammer für Außenhandel und der VEB Metallaufbereitung ihren Sitz sowie die Botschaften Frankreichs und Italiens.

Unter den Linden 36/38 (links) steht seit 1911 der sogenannte **Zollernhof**, ein Büro- und Geschäftshaus, das bis 1990 Sitz der Freien Deutschen Jugend (FDJ) war, der Jugendorganisation der Staatspartei SED. Seit 2000 sendet das ZDF von hier aus Sendungen wie z. B. „Maybritt Illner", „aspekte", „Berlin direkt" und „Frontal 21". Seit 2018 produzieren ARD und ZDF hier ihr werktägliches „Mittagsmagazin".

Der Sitz des Zentralrats der FDJ im Zollernhof, 1950

Im daran anschließenden Verwaltungsgebäude (Nr. 32/34) von 1971 hatte die **Britische Botschaft** „bei der DDR" ihren Sitz. Wegen des Viermächtestatus für ganz Berlin nannten die westlichen Länder ihre Botschaften nicht „in der DDR", da nach ihrem Verständnis Ost-Berlin kein Teil des Staatsgebietes der DDR war.

Rechts, zwischen Glinka- und Friedrichstraße (Nr. 37/41), entstand zwischen 1961 und 1964 ein Appartementhaus mit Ladenzeile. Hier findet man u. a. die Kasse der Komischen Oper und das Französische Kulturzentrum.

Das Haus der Schweiz, auf der gegenüberliegenden Straßenseite das Café Victoria, um 1938

Die Häuser links, kurz vor der Friedrichstraße, entstanden um 1913: ein Gebäude für die Daimler-Motoren-Gesellschaft AG (Nr. 28–30) und die Nr. 26 als Verwaltungsgebäude der Hypothekenbank „Preußische Central-Bodenkredit-AG“. Nach Beseitigung der Kriegsschäden zogen später u. a. die Außenhandelsbank der DDR sowie eine Filiale der Scandinavian Airlines ein. Der Komplex wurde 2008 saniert und umgebaut. Dabei entstand die neue Passage „Kaiserhöfe“ über zwei Innenhöfe zur Mittelstraße hin. Dort findet man Läden und Gastronomie, in den oberen Etagen stehen 7000 Quadratmeter Büroflächen zur Verfügung. In zwei neuen Dachgeschossen entstanden 34 Wohnungen.

Direkt links an der Ecke zur **Friedrichstraße** entstand 1936 im Auftrag der Schweizerischen Bodenkreditanstalt das **„Haus der Schweiz“** mit rundbogigen Kolonnaden. Über der Ecke thront eine Figur von Walther Tell, Sohn des Schweizer Nationalhelden Wilhelm Tell. Eine Darstellung des Freiheitskämpfers Wilhelm wurde von den Nazis nicht genehmigt. Als Kompromiss installierte man die Figur seines Sohnes. Zu DDR-Zeiten nutzte die Deutsche

Außenhandelsbank das Haus, es blieb aber weiterhin in Besitz der Schweizer Bank. Heute gehört es der AXA Versicherungen AG. Das „Haus der Schweiz“ blieb als einziges historisches Eckgebäude an der Kreuzung Unter den Linden/Friedrichstraße erhalten.

Auf der gegenüberliegenden Straßenseite (Nr. 16) stand bis 1918 das Hotel Victoria. Nur das Café Victoria bestand bis zur Zerstörung im Zweiten Weltkrieg weiter. 1966 eröffnete an fast gleicher Stelle das „Interhotel Unter den Linden“ mit 400 Betten. Es stand mehrere Meter von der Straße zurückgesetzt, so dass ein Vorplatz entstand. Das Hotel wurde Anfang 2006 abgerissen. Zwei Jahre später konnte das **Upper Eastside Berlin** eröffnet werden, ein Gebäudekomplex mit Büros, Einzelhandel und Wohnungen. Durch die Überbauung verschwand der Vorplatz.

Auch dem 1965 erbauten Gaststätten- und Bürokomplex **Lindencorso** rechts (Nr. 19/23) war eine Grünanlage mit Springbrunnen vorgelagert. Das Gebäude wurde 1993 abgerissen und 1995 das neue Lindencorso errichtet, wobei der Vorplatz ebenfalls überbaut wurde. An gleicher Stelle existierte von 1877 bis 1910 das legendäre Café Bauer, das für seine Gäste 800 europäische Tageszeitungen bereitgehalten haben soll.

An der Südwestecke bestand von 1825 bis 1944 das gleichfalls legendäre Café Kranzler. Unter der Kreuzung soll 2020 der neue Kreuzungsbahnhof der U-Bahn-Linien 5 (neu) und 6 (seit 1923) eröffnet werden.

Wir folgen der Allee weiter. Links, an der Ecke Charlottenstraße, bestand von 1775 bis 1910 das Grand Hotel de Rome. An seiner Stelle wurde 1912 das Büro- und Geschäftshaus **Römischer Hof** errichtet. 1951 erleichterte die Pannewitz-Bande die Tresore der hier ansässigen Deutschen Verkehrs- und Kreditbank um rund 1,7 Millionen DDR-Mark. Dieser Coup wurde später zweimal verfilmt.

Nach Überquerung der Charlottenstraße stoßen wir links auf die **Staatsbibliothek**, die 1914 in Betrieb ging.

Zu Zeiten der Berliner Teilung entstand 1978 die neue Staatsbibliothek in Berlin (West) unweit vom Potsdamer Platz. In beiden Häusern befinden sich heute über elf Millionen Bücher, über 60 000 Handschriften und rund 387 000 Autografen.

Nach Überquerung der Universitätsstraße erreichen wir links das Hauptgebäude der 1810 gegründeten **Humboldt-Universität**. Seit 1766 diente das Gebäude Prinz Heinrich, dem Bruder von König Friedrich II., als Wohnhaus. Es ist Teil des Forum Fridericianum, des heutigen **Bebelplatzes**, zu dem auch die Gebäude auf der anderen Straßenseite gehören, zu denen wir gelangen, nachdem wir die Straße an der Ampel überqueren: Links befindet sich die **Staatsoper** von 1742, dahinter links in der Ecke die älteste und ranghöchste katholische Kirche Berlins, die 1773 eingeweihte **St.-Hedwigs-Kathedrale**. Rechts neben der Kirche steht der 1889 eröffnete Hauptsitz der Dresdner Bank. Nach einer Nutzung durch die Staatsbank der DDR empfängt dort das Luxushotel Rocco Forte Hotel de Rome seit 2006 seine Gäste.

Bücherverbrennung auf dem Bebelplatz

Rund 100 Schritte vor dem Hotel befindet sich unter dem Bebelplatz seit 1995 eine Installation, die an die Bücherverbrennung erinnern soll. Unter Führung des

Die ehemalige Königliche Bibliothek am Bebelplatz

NS-Studentenbundes wurden auf dem Platz am 10. Mai 1933 über 20 000 Bücher von jüdischen und politisch missliebigen Autoren ins Feuer geworfen. Durch eine in den Boden eingelassene Glasplatte sieht man einen unterirdischen Raum mit symbolisch leeren Bücherregalen.

Rechts davon wurde 1780 die **Königliche Bibliothek** errichtet, die der Nordfassade der Wiener Hofburg ähnelt und von den Berlinern aufgrund ihrer geschwungenen Form „Kommode" genannt wird.

Dieses Haus wird heute ebenso von der Humboldt-Universität genutzt wie das angrenzende **Alte Palais** (Unter den Linden 9). In seiner heutigen Form besteht es seit 1837 und war Wohnsitz von Kaiser Wilhelm I. Rechts davon (Nr. 11) stehen wir vor dem sogenannten **Gouverneurshaus**, das von 1721 bis 1960 an der heutigen Rathausstraße stand. Es wurde zwischen 1962 und 1964 in veränderter Form am heutigen Standort neu aufgebaut und wird ebenfalls von der Humboldt-Universität genutzt.

Auf dem Mittelstreifen steht seit 1851 das **Reiterstandbild Friedrichs des Großen**.

Wir wenden uns an der Ampel wieder der linken Straßenseite zu und gelangen nach dem Universitätsgebäude zur **Neuen Wache**. Das 1818 fertiggestellte Bauwerk diente als Wachgebäude und war zugleich Denkmal für die Befreiungskriege 1813–1815. Seit 1993 ist es zentrale Gedenkstätte für die Opfer von Krieg und Gewaltherrschaft. Die im Innern stehende Skulptur von Käthe Kollwitz stellt eine trauernde Mutter dar, die ihren toten Sohn hält.

Das nachfolgende **Zeughaus**, um 1700 als Waffenarsenal errichtet, wandelte sich später zum Kriegsmuseum. Zu DDR-Zeiten war es das Museum für Deutsche Geschichte, seit 2003 ist es das **Deutsche Historische Museum** mit einer völlig veränderten Konzeption.

Genau gegenüber steht das **Kronprinzenpalais**, dessen Ursprünge auf das Jahr 1663 zurückgehen. Die Kriegsruine wurde 1961 abgetragen und bis 1970 verändert wiederaufgebaut. Hier wurde 1972 die Unterzeichnung des Grundlagenvertrages gefeiert und 1990 der Einigungsvertrag zwischen den beiden deutschen Staaten unterschrieben. Rechts davon steht das 1733 errichtete und 1964 neu wiederaufgebaute **Prinzessinnenpalais** und links die 1796 erbaute **Kommandantur**. Das kriegszerstörte Gebäude erstand 2003 verändert als Hauptstadtrepräsentanz des Bertelsmann-Konzerns neu.

Wir überqueren die Schlossbrücke. Linker Hand liegt der **Lustgarten** mit der **Museumsinsel**. Vorne steht seit 1830 das **Alte Museum**, dahinter seit 1859 das **Neue Museum**. Daneben befindet sich hinter den Kolonnaden die **Alte Nationalgalerie** von 1876. An der Spitze der Museumsinsel steht das **Bode-Museum** von 1904 und südlich der S-Bahn-Trasse das 1930 fertiggestellte **Pergamonmuseum**. Also sind die fünf Museumsgebäude zwischen 1830 und 1930 gebaut worden.

Auf der rechten Straßenseite befindet sich das neue **Humboldt Forum**. Zuvor existierte hier 500 Jahre lang das Berliner Stadtschloss, das 1950 zugunsten eines

Der Palast der Republik vor dem Abriss 2006, dahinter der Berliner Dom

riesigen Aufmarschplatzes abgerissen wurde. Von 1976 bis 2008 stand hier auf dem linken Teil des Grundstücks der Palast der Republik. Von 2013 bis 2019 errichtete die „Stiftung Humboldt Forum im Berliner Schloss“ ein Gebäude in den Abmessungen des alten Schlosses, bei dem drei Seiten die historischen Fassaden erhalten haben. Gewissermaßen als Erweiterung der Museumsinsel werden hier ab 2020 die Sammlungen außereuropäischer Kunst der Stiftung Preußischer Kulturbesitz gezeigt.

Zwischen beiden Komplexen steht der 1905 fertiggestellte **Berliner Dom**. Das im Krieg beschädigte Gotteshaus wurde zwischen 1975 und 1993 wiederhergestellt. In der für die Öffentlichkeit zugänglichen Gruft fanden 94 Mitglieder der Hohenzollernfamilie in Prunksärgen ihre letzte Ruhestätte.

Vom Hauptbahnhof zum Potsdamer Platz

Wir beginnen unseren Spaziergang am Berliner **Hauptbahnhof**, der am 28. Mai 2006 den Betrieb aufnahm. Mit seinen sechs Gleisen oben und und acht Gleisen unten ist er der größte Turmbahnhof Europas. Es lohnt sich, vom Mittelgeschoss aus die Weite nach oben und

Der Lehrter Bahnhof am Washingtonplatz, 1957

unten optisch auf sich wirken zu lassen. Von 1868 bis 1951 stand hier der Lehrter Bahnhof als Fernbahn-Kopfstation. Der gleichnamige kreuzende S-Bahnhof, der erst 2002 abgerissen wurde, sah dem heutigen S-Bahnhof Bellevue sehr ähnlich.

Der südliche Vorplatz erhielt schon 1932 den Namen **Washingtonplatz**. Auf der ehemaligen Stadtbrache entstanden nach 2006 viele Hotels sowie Büro- und Geschäftshäuser. Von hier aus sieht man bereits die Gebäude des Regierungsviertels.

Wir überqueren die Spree über die 66 Meter lange **Gustav-Heinemann-Brücke**, die Fußgängern vorbehalten ist. Im gegenüberliegenden Spreebogenpark öffnet im Sommer auf der linken Seite eine Strandbar, wo man auf Liegestühlen direkt am Wasser entspannen kann.

Von der Brücke aus ist links im Hintergrund auch das 72 Meter hohe weiße Bettenhochhaus der Charité zu sehen. Die Charité ist das älteste Krankenhaus Berlins und zählt heute mit über 3000 Betten zu den größten Universitätskliniken Europas.

Über den Fußweg erreichen wir die **Schweizerische Botschaft**. Das 1870 errichtete Haus blieb als einziges von rund 70 Gebäuden im ehemaligen Alsenviertel am Spreebogen erhalten. Hier hatten sich um 1900 bereits ein Dutzend Botschaften angesiedelt, 1919 kam die Schweiz im genannten Gebäude hinzu. Der im Jahr 2000 errichtete moderne Anbau ist in seiner äußeren Gestaltung umstritten.

Gegenüber liegt die Zufahrt zum 1997 bis 2001 erbauten **Bundeskanzleramt**. Zentrum dieses Ensembles ist das 36 Meter hohe neunstöckige Leitungsgebäude. Hier liegen u. a. die Büros der Bundeskanzlerin, des Chefs des Kanzleramtes und der Kabinettssaal. Der große Konferenzsaal und der Pressesaal liegen im ersten Obergeschoss, der Krisenstab und das Lagezentrum befinden sich in abhörsicheren Räumen im vierten Obergeschoss. Das Leitungsgebäude wird von zwei fünfgeschossigen Verwaltungsflügeln mit 370 Büros flankiert.

Das „Band des Bundes"

Gegenüber dem Kanzleramt wurde 2001 das **Paul-Löbe-Haus** eröffnet. Der 22 Meter hohe siebengeschossige Bau ist 200 Meter lang, 100 Meter breit und beherbergt u. a. 510 Büros für 170 Abgeordnete des Bundestags und deren Mitarbeiter, 23 Sitzungssäle und etwa 450 Büros der Ausschuss-Sekretariate.

Dass Kanzleramt und Paul-Löbe-Haus in einer Bauchflucht-Linie stehen, ist kein Zufall. Sie sind Teil des sogenannten Band des Bundes. Dieses Band überquert mit seinen Bauten (Kanzlerpark,

Blick von Ost-Berliner Seite durch die Sperranlagen der Berliner Mauer auf die im Wiederaufbau befindliche Ostfassade des Reichstagsgebäudes, 1964

Kanzleramt, Paul-Löbe-Haus, Marie-Elisabeth-Lüders-Haus) zweimal die Spree, die hier in einem Bogen fließt, und verbindet die ehemals geteilten Hälften der Stadt. Die Lücke im Band entstand, nachdem ein sogenanntes Bundesforum zwischen Kanzleramt und Paul-Löbe-Haus aus Kostengründen nicht realisiert wurde.

Gehen wir vom Paul-Löbe-Haus Richtung Süden, erreichen wir das 1884 bis 1894 errichtete **Reichstagsgebäude**. Hier wurde am 9. November 1918 die Republik ausgerufen, die spätestens mit dem Brand des Reichstages in der Nacht vom 27. auf den 28. Februar 1933 in Flammen aufging. Vor der Kriegsruine rief Ernst Reuter am 9. September 1948 während der Berlin-Blockade „die Völker der Welt“ dazu auf: „Schaut auf diese Stadt!“ Seit dem 13. August 1961 verlief die Berliner Mauer (Sperranlagen der DDR) direkt hinter dem Reichstag. Das Gebäude wurde in den 1960er-Jahren vereinfacht wieder aufgebaut. Jahrelang gab es dort nur die Ausstellung „Fragen an die deutsche Geschichte“. Ansonsten besuchten ab und zu Politiker aus Bonn den Reichstag, und auf dem Platz der Republik fanden von Zeit zu Zeit Rockkonzerte oder Maikundgebungen statt. Die ganze Gegend fiel nach und nach in einen Dornröschenschlaf.

Nach dem Fall der Mauer feierte man hier am 3. Oktober 1990 die deutsche Einheit. Im Sommer 1995 verpackte der Aktionskünstler Christo Jawaschew den Reichstag mit silbern glänzenden Stoffbahnen, einem aluminiumbedampften Polypropylen-Gewebe.

Unmittelbar danach begann ein radikaler Umbau, bei dem das Gebäude völlig entkernt wurde. Rund 45 000 Tonnen Baumaterial wurden herausgegerissen. Im Stadtbild besonders auffällig ist die neue Glaskuppel, die für Belüftung und Belichtung des Plenarsaals sorgt und für angemeldete Besucher zugänglich ist. Seit dem 7. September 1999 tagt mit dem Deutschen Bundestag wieder ein gesamtdeutsches Parlament im „neuen alten" Haus.

Wir gehen weiter zum 1738 fertiggestellten **Brandenburger Tor**, auf das wir im ersten Spaziergang näher eingehen. Es steht im ehemaligen Ostteil der Stadt, die Mauer lief hier im großen Halbkreis um das Tor herum. Auf der westlichen Torseite durchschneidet die 85 Meter breite **Straße des 17. Juni** den **Tiergarten** (ehemals West-Berlin). Sie ist Teil der großen Ost-West-Achse. Hier wird bei großen Fußballturnieren auf der sogenannten Fanmeile ein „Public Viewing" veranstaltet, und alljährlich wird der Straßenabschnitt zum Jahreswechsel zur Silvestermeile, wo eine große Party mit Bühnenprogramm gefeiert wird, bei der ein Böllerverbot gilt.

Die von hier aus sichtbare **Siegessäule** wurde 1873 als Nationaldenkmal der Einigungskriege eingeweiht. Sie stand bis 1938 vor dem Reichstagsgebäude und wurde erst dann – um eine Trommel erhöht – auf den Großen Stern mitten im Tiergarten versetzt.

Der Große Tiergarten verdankt seinen Namen der Jagdleidenschaft der brandenburgischen Kurfürsten. Hier wurden eigens Tiere gehalten, damit die Hofgesellschaft etwas zum Abschießen hatte. Später entstand daraus ein „Centralpark". Nach Ende des Zweiten Weltkrieges wurden aufgrund des Kohlemangels fast alle Bäume abgeholzt und verheizt. Auf den freien Flächen bauten die hungernden Berliner Kartoffeln und Gemüse an. Ab 1949 begann die Wiederaufforstung.

Wir gehen nun die **Ebertstraße** entlang in Richtung der Hochhäuser am Potsdamer Platz. Über die gesamte

Straßenbreite und alle Grundstücke auf der linken Seite erstreckten sich von 1961 bis 1989 die Grenzanlagen zwischen Ost- und West-Berlin. Die Berliner Mauer stand direkt vor den Bordsteinen auf der Tiergartenseite der Ebertstraße. Eine doppelte Reihe von Pflastersteinen im Asphalt markiert heute deren Verlauf. Daran schloss sich links ein etwa 500 Meter breiter Grenzstreifen mit Wachtürmen, Kolonnenweg, Beleuchtungsanlagen und einer zweiten Mauer als Abgrenzung zum Ost-Berliner Stadtgebiet an.

Das Denkmal für die ermordeten Juden Europas

An der Rückseite der US-Botschaft vorbei überqueren wir die **Behrenstraße** und erreichen das 2005 eingeweihte **Denkmal für die ermordeten Juden Europas**, kurz Holocaust-Mahnmal genannt. Die hier aufgestellten 2711 quaderförmigen Betonstelen sollen an die rund sechs Millionen Juden erinnern, die von den Nationalsozialisten im Rassenwahn ermordet wurden. Manche interpretieren die Stelen als Grabsteine oder Sarkophage, die die Ermordeten nie hatten. Da das Denkmal begehbar ist, kann man auch ein Gefühl der Verunsicherung und Beklemmung verspüren, wenn man sich zwischen den hoch aufragenden Wänden auf scheinbar schwankendem Boden befindet. Schüler, für die das Denkmal oft zum Pflichtprogramm gehört, springen mitunter von Stele zu Stele oder spielen zwischen ihnen Verstecken. Am hinteren Teil des Denkmals befindet sich der Eingang zum unterirdischen Ort der Information, der Besuchern die Thematik anschaulich macht.

Wir überqueren die Hannah-Arendt-Straße und erreichen fünf Landesvertretungen, die über die Straße **In den Ministergärten** erschlossen werden. Der Straßenname geht zurück auf die Gärten der im 18. Jahrhundert an der Wilhelmstraße errichteten Adelspalais, die später von Ministerien genutzt wurden.

1991 waren die Ministergärten noch eine unbebaute Brache.

Zwischen Dezember 2000 und Oktober 2001 eröffneten hier die Bundesländer ihre Landesvertretungen, günstig genau zwischen Bundesrat und Bundestag gelegen. Gleich links steht die Doppelvertretung von Niedersachsen und Schleswig-Holstein. Die beiden sechsgeschossigen Baukörper nehmen jeweils eine Landesvertretung auf. Es folgt die Vertretung von Rheinland-Pfalz. Das große, helle Atrium mit Aussicht auf das Brandenburger Tor und die Reichstagskuppel eignet sich gut für Empfänge und Ausstellungen. Daneben steht die Landesvertretung des Saarlandes. An der Rückseite öffnet sich das Gebäude zum Garten durch ein haushohes Balkengerüst, das wie Luftgeschosse anmutet.

Auf der anderen Straßenseite steht die Doppelvertretung von Brandenburg und Mecklenburg-Vorpommern. Die Verbindung bildet eine mehrgeschossige, glasüberdachte Halle, um die sich spiegelbildlich zwei Gebäudewinkel legen. Rechts daneben steht die Vertretung von Hessen. Im dortigen Bistro Mainhattan kann man zwischen 11.00 und 15.00 Uhr Handkäs' und „Ebbelwoi" probieren. Bemerkenswert ist das weit auskragende fünfte Geschoss mit Gästewohnungen. Alle Landesvertretungen stehen im ehemaligen Grenzgebiet.

Auf der anderen Seite der Ebertstraße, knapp im ehemaligen West-Berlin, steht südwestlich auf der rechten Straßenseite das 2004 eröffnete **Beisheim-Center**. Es besteht aus fünf Gebäuden: den Hotels The Ritz-Carlton Berlin und Marriott International, Bürogebäuden und exklusiven Wohnungen, deren Bewohner den Service und die Einrichtungen des Ritz-Carlton in Anspruch nehmen können.

Das Gebäude Ebertstraße 15 A auf der linken Straßenseite (ehemals Grenzgebiet) mit der weißen Fassade, die der Struktur von Muskelfasern nachgebildet ist, wurde 2009 eröffnet. In der Hauptstadtrepräsentanz des Medizintechnikunternehmens Ottobock gibt es eine interessante Dauerausstellung zum Thema Mobilität, u. a. mit interaktiven Installationen und virtuellen Rollstuhl-Parcours. Die rechts stehende Bürovilla an der Ecke zur Voßstraße wurde 2007 fertiggestellt. Wer hier ein paar Schritte um die Ecke geht, steht vor der am 15. September 2011 eröffneten **Botschaft der Republik Singapur** (Voßstraße 17). Beim Ausschachten der Baugrube fanden sich Reste der neuen Reichskanzlei aus der NS-Zeit. Kennzeichnend für den Neubau ist die großflächig verglaste Atriumhalle, die sich über fünf Geschossebenen erstreckt.

Fast gegenüber (Ebert-/Voßstraße) steht seit 2005 der zehngeschossige Neubau der **Botschaft von Kanada**.

Eine Fußgängerpassage quer durch das Botschaftsgebäude führt zum **Leipziger Platz**. Im Erdgeschoss gibt es ein öffentlich zugängliches Informationszentrum. Zusätzliche Attraktion im Durchgang ist u. a. ein über eineinhalb Stockwerke rauschender Wasserfall, der die wilden Naturlandschaften des Landes symbolisiert.

Mit dem Bau des Büro- und Geschäftshauses neben der Botschaft an der Ecke zum Leipziger Platz 2018/19 wurde die letzte Baulücke an diesem Platz geschlossen. Hier stand von 1893 bis 1932 das Palast-Hotel.

Die Bahnsteighalle des Potsdamer Bahnhofs, 1876

Wir gehen den Leipziger Platz entlang Richtung Süden und erreichen den **Potsdamer Platz**, der heute eigentlich nicht viel mehr als eine große Straßenkreuzung ist. Der Berliner meint aber mit der Ortsbezeichnung „Potsdamer Platz" immer auch die Gebäudekomplexe um ihn herum. Der Platz war im 18. Jahrhundert der Zollmauer mit dem Potsdamer Tor vorgelagert und hat daher seinen Namen. Von hier aus fuhr 1838 die erste preußische Eisenbahnlinie nach Potsdam. Der Potsdamer Bahnhof wurde im Zweiten Weltkrieg zerstört und die Reste später abgerissen. Von 1983 bis 1991 führte die aufgeständerte Demonstrationsstrecke einer Magnetbahn (M-Bahn) über das Gelände. Heute fahren Regional-, U- und S-Bahnen hier unterirdisch.

Wir gehen rechts über die Straße, wo nach Abschluss der Bauarbeiten Mauersegmente an originaler Stelle wieder aufgestellt wurden. Verlängert man die Linie gedanklich nach rechts und links, bekommt man einen Eindruck von der einstigen Teilung. Einige dort aufgehängte Fotos machen das anschaulich.

Der Potsdamer Platz 2016

Wir gehen die **Potsdamer Straße** entlang Richtung Westen, kommen am 103 Meter hohen Tower der Deutschen Bahn vorbei und erreichen das 1995 bis 2000 erbaute **Sony-Center**, einen aus sieben futuristisch anmutenden Gebäuden bestehenden Komplex. Die deutsche Zweigniederlassung des Konzerns hat dort ihren Sitz. Außerdem gibt es hier Büros, Wohnungen, Läden, Gastronomie und ein Kinozentrum. Zum Sony-Projekt gehören ferner die Deutsche Mediathek, die Deutsche Film- und Fernsehakademie sowie die Stiftung Deutsche Kinemathek – Museum für Film und Fernsehen.

Spektakulär ist das Dach, das den weitläufigen Innenhof überspannt. Es besteht aus aufgefächerten Stoffbahnen und soll den heiligen japanischen Berg Fuji symbolisieren. 2007 eröffnete hier an der Potsdamer Straße 4 das Legoland Discovery Centre.

In das Ensemble sind die Reste des alten Grandhotels Esplanade als Restaurant integriert. Dabei wurde der Kaisersaal 1996 als Ganzes verschoben. Die alte Stuckfassade an der Bellevuestraße ist durch eine moderne Glaswand geschützt. Darüber hängen an einer gewaltigen Stahlkonstruktion Luxuswohnungen.

Wir überqueren die Potsdamer Straße an der Ampel, machen aber auf dem Mittelstreifen halt. Nach dem Vorbild des „Walk of Fame“ in Los Angeles richtete man ab 2010 gegenüber dem Film-Museum den **Boulevard der Stars** ein, eine Erinnerungsmeile an inzwischen über 100 deutsche Filmstars. Wenn demnächst die Straßenbahn hier wieder fährt, werden die in den Boden eingelassenen Sterne umziehen müssen.

Der Boulevard der Stars

Auf der anderen Straßenseite erreichen wir den aus insgesamt 19 Gebäuden bestehenden **debis-Komplex**. Er wurde zwischen der neuen Staatsbibliothek und der Linkstraße bzw. zwischen Landwehrkanal und Potsdamer Platz zwischen 1994 und 1998 von der Daimler-Benz-Tochterfirma debis (Daimler-Benz InterServices) errichtet. Es entstanden Büros, Wohnungen, eine Einkaufspassage, das Grand Hyatt Hotel, Geschäfte, Restaurants, das Kino-Center Cinemaxx mit 3500 Plätzen in 19 Sälen sowie ein 3-D-Kino.

Wir gehen durch die **Varian-Fry-Straße** wenige Meter zur verkehrsberuhigten **Alten Potsdamer Straße**. Geradeaus steht als einzig erhaltener Altbau das 1912

Der Potsdamer Platz mit der Verkehrsampel in den 1930er-Jahren

errichtete Gebäude des Weinhauses Huth, das seit 1979 unter Denkmalschutz steht. Rechts steht das große **Musicaltheater**. Zu den Filmfestspielen werden in diesem Haus auch Filmpremieren aufgeführt, zu denen die Stars anreisen und von den Fans stürmisch bejubelt werden.

Links geht es zum **Kollhoff-Tower**, der wie der gegenüberstehende DB-Tower 103 Meter hoch ist. Im Kollhoff-Tower geht es mit dem schnellsten Fahrstuhl Europas hinauf zur kostenpflichtigen Panoramaplattform. Ursprünglich stand hier das sogenannte Vox-Haus, von wo am 29. Oktober 1923 die erste deutsche Rundfunksendung ausgestrahlt wurde. Das Gebäude wurde 1971 gesprengt. Vor dem Kollhoff-Gebäude steht eine Nachbildung der Verkehrsampel von 1924/25, ein Geschenk von Daimler-Benz und Siemens. Die fünfeckige Form resultiert aus der damaligen Verkehrsführung der fünf einmündenden Straßen. Früher musste ein Polizist die Ampeln per Knopfdruck umschalten. Die farbigen Lampen waren seinerzeit nicht unter-, sondern nebeneinander angebracht.

Wenn wir uns an der Ampel umwenden und links am Zugangsgebäude zu den unterirdischen Bahnhöfen vorbeigehen, erblicken wir den **Tilla-Durieux-Park**. Es ist das Gelände des ehemaligen Potsdamer Bahnhofs. Links vom Park entstanden zwischen 1995 und 2000 die Park-Kolonnaden. Bauherr war der dritte große Investor im Bereich Potsdamer Platz, der Energie- und Automationstechnikkonzern Asea Brown Boveri (ABB).

Im Diplomatenviertel

Zwischen dem **Tiergarten** und dem **Landwehrkanal** entstand zwischen Ausflugslokalen und Gärtnereien ab etwa 1800 ein Wohnviertel, in dem wohlhabende Berliner ihre Sommerhäuser errichteten. Diese wurden später durch ganzjährig bewohnbare Villen und Landhäuser und diese teilweise wieder durch drei- bis viergeschossige Mietshäuser ersetzt. Bis 1870 waren 380 Gebäude entstanden. In diesem „Geheimratsviertel" siedelten sich seit 1860 nach und nach immer mehr ausländische Gesandtschaften an. 1933 waren bereits rund 60 Prozent aller Botschaften hier ansässig. Der Zweite Weltkrieg ließ vom einstigen Geheimrats- und Diplomatenviertel nur Rudimente übrig. Von einst 529 Gebäuden (1940) waren 1959 nur noch 49 vorhanden, davon 22 als Ruinen. Das gesamte Viertel fiel in einen Dornröschenschlaf; viele Staaten verkauften ihre abgeräumten Grundstücke.

Botschaften und Landesvertretungen zwischen Hiroshima- und Stauffenbergstraße

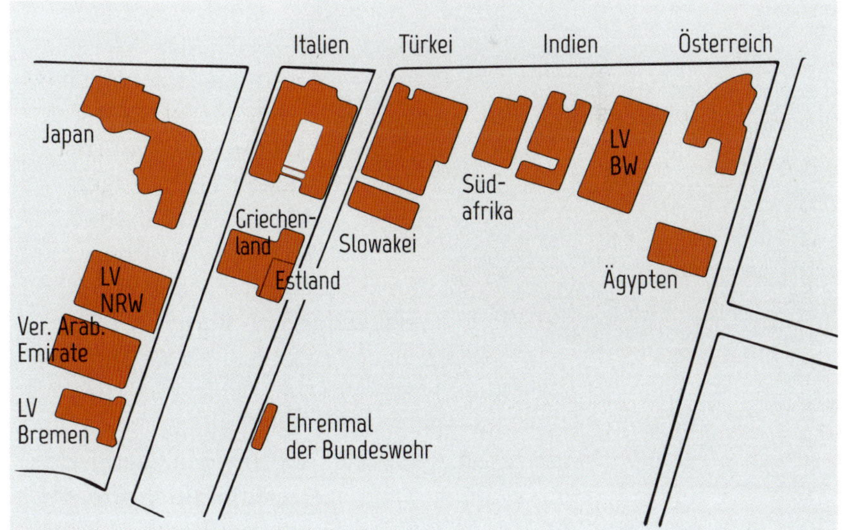

Nach dem Fall der Mauer und der deutschen Wiedervereinigung wurde Berlin 1991 offiziell wieder Hauptstadt und ist seit 1999 wieder Sitz von Parlament und Regierung. Daraufhin kehrten etliche Staaten mit ihren Vertretungen in das „alte neue" Diplomatenviertel zurück.

Wir beginnen unseren Spaziergang an der **Botschaft von Ägypten** in der Stauffenbergstraße 6–7. Der 2001 eröffnete Neubau ist mit rotem poliertem Granit verkleidet. Ein eingefrästes Relief zeigt ägyptische Motive. Der dahinterliegende elf Meter hohe Innenhof ist von einem Glasdach überspannt.

Wenige Schritte entfernt, an der Stauffenbergstraße 1–4/Tiergartenstraße 12–14, steht seit 2001 der Neubau der **Botschaft von Österreich**, der die eigenwillige Handschrift des renommierten Architekten Hans Hollein trägt.

Auf dem Nachbargrundstück (Tiergartenstraße 15) residiert seit 2000 die **Landesvertretung von Baden-Württemberg**, deren rechteckiger, 16 Meter hoher Baukörper größenmäßig einer Botschaft in nichts nachsteht. Das Vordach am Eingang ist wie ein eckiger Trichter geformt, wodurch sich der Besucher optisch in das Gebäude hineingezogen fühlt. Im Innern empfängt ihn ein dreigeschossiger, mit Tageslicht erhell-

Das Richard-Wagner-Denkmal um 1904

ter Empfangssaal. Im Erdgeschoss ist eine Weinstube untergebracht, im Untergeschoss ein Bierkeller. Das Gebäude ist mit einer Nutzfläche von 4800 Quadratmetern die größte aller deutschen Landesvertretungen.

Gegenüber – auf der anderen Straßenseite – steht seit 1903 das **Richard-Wagner-Denkmal** von Gustav Eberlein. Seit 1988 ist es zum Schutz vor Umwelteinflüssen mit einer Stahl-Glas-Konstruktion überdacht.

Die Botschaft von Indien

Die 2001 eröffnete **Botschaft von Indien** in der Tiergartenstraße 16–17 ist ein quaderförmiger fünfgeschossiger Bau mit einem runden Atrium nach vorn. Einschnitte, Öffnungen und Fenster gliedern die mit rotem indischem Sandstein verkleidete Fassade abwechslungsreich. Von einem begrünten Innenhof aus führt eine seitliche Treppe auf den Dachgarten. Vom Erdgeschoss gelangt man über die zentrale Halle in die Bibliothek und den Veranstaltungssaal.

Gleich daneben hat **Südafrika** seit 2003 seine Botschaft (Tiergartenstraße 17 A–18). 1871 war hier ein Gebäude entstanden, in dem um 1900 die Konsulate von Paraguay und um 1920 von Großbritannien untergebracht waren. 1938 kaufte Südafrika das 1923 hier errichtete Wohnhaus Rosenberg für seine Botschaft. Nach Sprengung der

Kriegsruine 1951 blieb das Grundstück im Besitz des Staates. Während der Eingangsbereich verglast ist, ist das Sockelgeschoss mit Granit verkleidet. Die Obergeschosse ziert gelber Sandstein aus Südafrika.

Die **Türkei** hatte das Diplomatenviertel „begründet", als sie 1860 als erstes Land ihre Vertretung in der Tiergartenstraße 7 eröffnete (heute Neubau Kunstgewerbemuseum). 1918 kaufte das damalige Osmanische Reich das 1892 gebaute Mietshaus in der Tiergartenstraße 19 als Botschaft. Die Ruine wurde 1956 abgeräumt. Unter Hinzunahme benachbarter Grundstücke konnte 2012 die weltweit größte Auslandsvertretung der Türkei eröffnet werden.

Die Türkische Botschaft, 1937

An der Ecke zur Hildebrandstraße steht die Botschaft von **Italien**, nach der in den USA die zweitgrößte italienische Botschaft der Welt. Bereits 1939 war der Rohbau, errichtet im Stil der Palastarchitektur der italienischen Hochrenaissance, fertiggestellt. Die aufwendige Innenausstattung konnte erst Mitte 1942 abgeschlossen werden. Die damals mit Deutschland verbündeten Staaten (Italien, Japan und Spanien) erhielten besonders monumentale Gebäude, wie die Daten für die italienische Botschaft belegen: Der Bau ist 55 Meter breit, 69 Meter lang und 19,55 Meter hoch. Nach der Entmachtung Mussolinis im Juli 1943 stellte man den Betrieb der Botschaft ein, kaum dass er aufgenommen worden war. Im November 1943 erlitt das Gebäude schwere Bombenschäden. Nach Kriegsende wurde lediglich der wenig beschädigte Kanzleiflügel entlang der Hiroshimastraße wiederhergestellt, wo Italien ein Generalkonsulat einrichtete. Die übrigen Gebäudeteile blieben ungenutzt und verfielen. 2003 war die Wiederherstellung des Gebäudes abgeschlossen. Die Botschaft bildet – wie früher – eine vierflügelige Anlage um einen rechteckigen Hof. Am Haupteingang steht eine überdeckte Zufahrt mit gekoppelten Säulen und darüber liegendem Balkon. Dieser mächtige säulengeschmückte Vorbau weist Anklänge an römische Paläste auf, und auch der rötliche Putz soll an italienische Architektur erinnern. Das Innere ist reich ausgestattet. Bei der Wiederherstellung arbeiteten die Bauleute auch aus dem Dogenpalast des umbrischen Gubbio stammende Türen aus dem 15. Jahrhundert wieder auf. Im Keller gibt es einen Versammlungsraum, den „Sala Conferenze". Die Apsis in der hinteren Wand lässt darauf schließen, dass hier vermutlich eine Kapelle vorgesehen war. Später diente der Raum wohl auch als Bunker. Im Fußboden ist der Grundstein von 1939 zu erkennen, unter dem auch Dokumente eingemauert sind. Über dem Erdgeschoss liegt der Festsaal. Der erste Stock ist ganz mit Verona-Marmor ausgekleidet. Die Privaträume des Botschafters befinden sich im Flügel an der Hildebrandstraße im zweiten Stock und erstrecken sich über 600 Quadratmeter. In diesem Teil ist auch ein

Die wiederhergestellte Italienische Botschaft

Kulturinstitut untergebracht, im Flügel zur Hiroshimastraße das Konsulat. Der kahle Innenhof schließt mit einer im Krieg beschädigten Pergola nach Norden ab. Der Bombenschaden ist als zeitgeschichtliches Dokument erhalten geblieben, ebenso die Einschüsse in den Wänden an der Hofseite.

Wir biegen nun in die Hildebrandstraße ein. Links (Nr. 25) steht seit 2010 die **Botschaft der Slowakischen Republik**. Es folgen rechts Gebäude der Botschaft von Griechenland, denen wir uns später in der Hiroshimastraße noch einmal zuwenden.

Die Botschaft von Estland

Schauen wir zunächst auf die **Botschaft von Estland** in der Hildebrandstraße 5. Ursprünglich ließ der Schokoladenfabrikant Theodor Hildebrand hier 1853/54 eine Sommerhauskolonie errichten. Die von ihm dafür angelegte Straße trägt heute seinen Namen. Die Sommerhäuser standen nur zehn bis 20 Jahre, bevor sie durch Villen und Wohnhäuser ersetzt wurden. Das Haus Hildebrandstraße 5, das ebenfalls von 1853 stammt, bekam 1883 an der rechten Seite eine dreigeschossige Erweiterung. Der Ursprungsbau wurde 1895 abgerissen und an gleicher Stelle durch einen Neubau ersetzt. Seit 1923 diente das Gebäude als Gesandtschaft. Nachdem die Sowjetunion Estland 1940 in die UdSSR eingegliedert hatte, fiel das Haus zunächst an die Sowjetunion, später an das deutsche Außenministerium. Nach Kriegsende lag das Gebäude im britischen Sektor. Großbritannien erkannte die Okkupation Estlands jedoch nicht an. So blieb der faktisch nicht existierende Staat weiterhin Grundeigentümer. Das Haus erlangte seine ursprüngliche Funktion als Wohngebäude zurück. Es blieb von Kriegsschäden weitgehend verschont und verfiel auch nicht, weil es dauerhaft bewohnt war. Nach der Unabhängigkeit 1991 konnte Estland seine alte Botschaft 2001 wiedereröffnen.

Gegenüber befindet sich das Gelände des **Bundesverteidigungsministeriums**. An der Hildebrandstraße wurde im Jahr 2009 das Ehrenmal für die Bundeswehrangehörigen eingeweiht, die bei Ausübung ihrer Dienstpflichten ums Leben gekommen sind. Über das Gebäude ist ein Netz aus halben Erkennungsmarken gelegt, mit denen tote Soldaten identifiziert werden. Die Namen der Toten werden mit einem LED-Display projiziert. 2018 wurde die Anlage um einen separaten „Raum der Information“ ergänzt.

Das Ehrenmal der Bundeswehr, im Hintergrund das Bundesministerium für Verteidigung (Bendler-Block)

Ein kleiner Weg rechts führt uns am 1999 eröffneten Gebäude der SPD-nahen **Friedrich-Ebert-Stiftung** vorbei zur Hiroshimastraße. Auf dem leeren Grundstück zwischen Hildebrand- und Hiroshimastraße wollte Portugal einst seine Botschaft errichten.

Biegen wir in der Hiroshimastraße nach links ab, finden wir auf der gegenüberliegenden Straßenseite die im Jahr 1999 eröffnete **Landesvertretung von Bremen** (Nr. 24). Sie besteht aus einem viergeschossigen Verwaltungs- und Kanzleigebäude sowie einem siebengeschos-

sigen Turmhaus mit Gästewohnungen. Kennzeichnend ist der rote Anstrich.

Eher ein Blickfang ist aber gleich rechts daneben die **Botschaft der Vereinigten Arabischen Emirate**, die 2004 eröffnet wurde. Das Land entstand 1971 durch den Zusammenschluss mehrerer Scheichtümer. Mit seiner orientalischen Architektur wirkt das Gebäude wie ein Märchenschloss aus Tausendundeiner Nacht.

Die noch nicht fertiggestellte Botschaft von Griechenland

Auf dem rechts anschließenden Grundstück steht seit 2002 die **Landesvertretung von Nordrhein-Westfalen**. Der Neubau mit seiner parabelförmigen Rautenfassade besteht im Wesentlichen aus Holz, Stahl und Glas. Das Haus bietet Konferenz-, Speise- und Veranstaltungsräume für bis zu 200 Personen.

Auf der rechten Straßenseite (Hiroshimastraße 11/15) befindet sich die nicht fertiggestellte **Botschaft von Griechenland**. Das 1910 erbaute Wohnhaus wurde von den Hellenen seit 1920 als diplomatische Vertretung genutzt und im Zweiten Weltkrieg schwer beschädigt. Was folgte, gleicht einer griechischen Tragödie: Die Gebäude verfielen im Laufe der Jahrzehnte mehr und mehr. Zwischen 2010 und 2012 begann der Teilabriss, und an das neoklassizistische Gebäude fügte man auf der rechten Seite einen bislang ungenutzten Neubau mit einer parkhausähnlichen Fassade an. Nach Auskunft der Botschaft sollen die Bauarbeiten Ende 2019 abgeschlossen sein.

Der Name Hiroshimastraße erklärt sich, wenn man auf den letzten Gebäudekomplex links blickt – die **Botschaft von Japan**. Die ehemalige Hohenzollernstraße und spätere Graf-Spee-Straße erhielt ihren heutigen Namen 1989 und erinnert an den ersten Atombombenabwurf auf die japanische Stadt. Nach dem Abbruch älterer Gebäude entstand die Botschaft für das damals verbündete Japan zwischen 1938 und 1942. Die Ruine des im Krieg schwer beschädigten Gebäudes verfiel. Zwischen 1985 und 1988 wurde es weitestgehend abgetragen und im alten Stil völlig neu als Japanisch-Deutsches Zentrum für kulturelle und wissenschaftliche Zusammenarbeit errichtet. 2001 zog die Botschaft wieder in das „alt-neue" Gebäude ein.

Das Eingangsportal der alten Japanischen Botschaft, um 1940

Wir biegen links wieder in die Tiergartenstraße ein. Die anschließende brachliegende Grünfläche wurde zwischen 2008 und 2012 mit dem sogenannten Diplomatenpark bebaut. Er besteht aus zehn Stadthäusern mit sündhaft teuren Eigentumswohnungen (Sauna, Swimmingpool), die sich entlang der neu eingefügten Clara-Wieck-Straße reihen. Die beiden Grundstücke an der Ecke zur Tiergartenstraße sind für mögliche weitere Botschaftsgebäude freigehalten worden.

Es folgt das **Canisius-Kolleg**, ein katholisches Jesuiten-Gymnasium. Das alte, schräg zur Straße gestellte Hauptgebäude ließ die Krupp AG 1937 als Gästehaus errichten. Die 1925 gegründete Schule übernahm das Gebäude im Jahr 1947. 1979/80 kam ein großzügiger Erweiterungsbau hinzu.

Auf dem Nachbargrundstück steht seit 2008 die **Botschaft von Saudi-Arabien**. Auffällig ist die gläserne Rotunde, die von einem Blumenmuster umgeben ist. Den Haupteingang auf der rechten Seite rahmt ein Koran-Zitat (Sure 49,13) in arabischer Schrift.

Auf dem letzten Grundstück der Straße ließ die CDU-nahe **Konrad-Adenauer-Stiftung** 1998 einen ansehnlichen Neubau für ihre Akademie errichten. Direkt an der Straßenecke steht eine Gedenkstele für Bundeskanzler Adenauer und General Charles de Gaulle. Beide hatten 1963 den deutsch-französischen Freundschaftsvertrag unterzeichnet, der als Elysée-Vertrag bekannt geworden ist. Anlässlich des 40. Jahrestages des Übereinkommens und der gleichzeitigen Wiedereröffnung der neuen Französischen Botschaft am Pariser Platz enthüllte der französische Staatspräsident Jacques Chirac im Januar 2003 diesen Gedenkstein.

Die Botschaft von Saudi-Arabien

Wir überqueren die Klingelhöferstraße an der Ampel, gehen nach links und biegen anschließend rechts in die Rauchstraße ein. Auf der rechten Seite stehen wir vor dem Bauensemble der **Nordischen Botschaften**, die die fünf skandinavischen Länder gemeinsam errichtet und 1999 eröffnet haben. Es entstanden insgesamt sechs Gebäude – eines für jedes Land und das Gemeinschaftshaus. Der Bau ist frei zugänglich und dient als Empfangs-, Vortrags- und Ausstellungsgebäude. Als hilfreich könnten sich die Toiletten im Erdgeschoss erweisen ... Eine Glaswand gibt den Blick auf den Hof frei, dient aber gleichzeitig als Sicherheitssperre. Auf der Rückseite umgibt den Komplex ein 16 Meter hohes geschwungenes Band, das aus knapp 4000 Kupferlamellen besteht.

Die Botschaft von Syrien

Gegenüber dem Haupteingang der Nordischen Botschaften steht die **Botschaft von Syrien** (Rauchstraße 25). Das 1912 errichtete zweigeschossige Wohnhaus hat als eines der wenigen Gebäude im Tiergartenviertel den Krieg überdauert und vermittelt einen Eindruck des ursprünglichen Charakters dieser Gegend. Von 1947 bis 1966 arbeitete hier das Generalkonsulat von Schweden.

An der Ecke Klingelhöferstraße 3/ Rauchstraße 27 eröffnete **Mexiko** im Jahr 2000 sein spektakuläres Botschaftsgebäude. Die eigenwillige Fassade besteht aus 18 Meter hohen, leicht schräg gestellten Betonlamellen. Das großzügige Foyer ist kaskadenartig bepflanzt; ein zusätzlicher Raum bietet Platz für Ausstellungen. Es ist in der Regel ohne Voranmeldung zu besichtigen. Der Besucher muss nur einfach an der Tür läuten, die wie Aztekengold schimmert. Sowohl außen als auch innen strahlt das Gebäude in weißem Sichtbeton, der aus gemahlenem Marmor und Marmorstücken anstelle von Sand und Kies besteht. Fällt Sonnenlicht durch das Glasdach, beginnt das Material geheimnisvoll zu funkeln.

Die Botschaft von Mexiko mit der Bronzeskulptur „Wings of Mexico"

An der Klingelhöferstraße standen einst viergeschossige Mietshäuser, die 1943 zerstört wurden. Das nach 1950 abgeräumte Areal blieb über viele Jahre eine Brache, auf der Volksfeste und Zirkusvorstellungen stattfanden. Es war also reichlich Platz für Neubauten:

An der Klingelhöferstraße 6 eröffnete **Malaysia** 2002 sein Botschaftsgebäude. Direkt links daneben steht das 1998 bis 2000 errichtete Botschaftsgebäude für die Kleinstaaten **Luxemburg** (seit 2000/1. Obergeschoss), **Bahrain** (seit 2003/2. Obergeschoss), **Malta** (seit 2000/3. Obergeschoss) und **Monaco** (seit 2002/4. Obergeschoss).

Die Bundeszentrale der CDU (**Konrad-Adenauer-Haus**, Klingelhöferstraße 8) wurde 2000 eröffnet. Das gläserne Haus erinnert in seinen Umrissen an ein Schiff. Das Kernstück dieses Gebäudes ist ein Atrium, das alle Etagen miteinander verbindet. Der große Pressesaal fasst 1200 Personen und hat damit etwa doppelt so viele Plätze wie der Plenarsaal des Bundestages.

Moabit – Kirchen, Knäste und Kasernen

Moabit entstand um 1717 als Ansiedlung französischer glaubensvertriebener Hugenotten zwischen der heutigen Straße **Alt-Moabit** und der **Spree**. Der Name ist vermutlich von den alttestamentlichen Moabitern entlehnt – einem Volk, das um 1000 v. Chr. östlich des Toten Meeres angesiedelt war.

Rechts neben dem 2011 eröffneten Motel One (rund 500 Zimmer auf elf Etagen) an der Ecke **Invaliden-/Lehrter Straße** befindet sich der Geschichtspark Moabit. Er erinnert an das **Zellengefängnis**, das hier von 1849 bis 1958 gestanden hat. Inhaftiert waren hier u. a. Wilhelm Voigt (Hauptmann von Köpenick) und die Widerstandskämpfer Klaus Bonhoeffer, Ernst Busch, Erich Mühsam, Albrecht Haushofer u. v. a.

Stahlstich des Zellengefängnisses von Moabit, um 1850

Wir gehen zurück, überqueren die Lehrter Straße und folgen der Invalidenstraße Richtung Westen. Auf der

rechten Seite entstanden zwischen 1973 und 1981 abschnittsweise rund 890 Neubauwohnungen. Zuvor existierte hier seit 1881 die Oberfeuerwerkerschule für 360 Schüler mit Hörsälen, Laboratorien und Dienstwohnungen. Daran schloss sich seit 1848 der große Kasernenkomplex des 2. Garde-Ulanen-Regiments, einer Kavallerieeinheit mit Stallungen für 676 Pferde, an. Beide Einrichtungen wurden im Krieg schwer beschädigt und zwischen 1955 und 1970 nach und nach gesprengt. An der folgenden **Claire-Waldoff-Promenade** steht – etwas zurückgesetzt – ein Gedenkstein für die gefallenen Ulanen des Ersten Weltkriegs.

Der 1943 zerstörte gläserne Ausstellungspalast auf dem ULAP-Gelände, um 1885

Auf der gegenüberliegenden Seite der Invalidenstraße lag seit 1879 der ULAP, der Universum Landesausstellungspark, der 1883 einen großen gläsernen „Messepalast“ erhielt. Auf dem vom Krieg verwüsteten Gelände siedelte sich um 1960 u. a. eine Polizeidirektion an.

Wir biegen rechts in die Straße **Alt-Moabit** ein, vorbei am 1981 eröffneten Oberstufenzentrum Banken, Immobilien und Versicherungen, an dessen Fassade sich der Abguss eines Teils des Münzfrieses befindet, das Johann Gottfried Schadow für die Münzprägestätte am Mühlendamm schuf.

Über die Straße hinweg blicken wir auf der rechten Seite direkt auf die vergitterten Fenster der Haftzellen der Justizvollzugsanstalt Moabit. Von der Eröffnung 1882 bis zu seiner Zerstörung im Zweiten Weltkrieg stand vor diesem Zellenblock das alte Kriminalgericht. Heute haben die Gefangenen hier einen guten Blick auf das Leben „draußen".

Wir überqueren die **Rathenower Straße**. Auf der linken Seite fällt eine große Parkanlage ins Auge. Es handelt sich dabei um den ehemaligen Garten, in dem sich der Unternehmer Friedrich Adolf Pflug 1860 eine stattliche Villa errichten ließ. Pflug hatte 1838 an der Chausseestraße eine „Gesellschaft für die Fabrication von Eisenbahnbedarf" gegründet. Um 1854 erwarb er das Gelände Alt-Moabit 120–113 zwischen **Paul-** und **Calvinstraße** bis zur Spree hinunter und verlagerte seine Fabrik an diesen Standort. Über ein firmeninternes Schienennetz konnten schwere Lasten bewegt werden. 1872 ging das Unternehmen jedoch in Konkurs, und die Fabrik wurde abgerissen. Über das südliche Pflug-Gelände führt seit 1882 die Viaduktbahn, die insgesamt 731 gemauerte Bögen überquert. Die Villa wurde ab 1882 als Dienstsitz für hohe Militärs und Dienststellen genutzt, im Zweiten Weltkrieg jedoch zerstört. Übrig blieb der Garten, der heute als Carl-von-Ossietzky-Park eine öffentliche Grünanlage ist.

Die Villa Pflug (undatiert)

Das übrige Betriebsgelände kaufte die Baugesellschaft Alt-Moabit im Jahr 1881, parzellierte es 1884 und bebaute es ab dem gleichen Jahr mit bis zu sechs Etagen hohen Wohnhäusern. Erst ab 1887 beschränkte eine neue Bauordnung die Zahl der Geschosse auf fünf. Das zweigeschossige Haus Alt-Moabit 18 auf der rechten Straßenseite stammt dagegen noch aus der vorstädtischen Siedlungsphase und beherbergt seit 1857 die **Moabiter Apotheke**. Die Ladenausstattung ist wahrscheinlich 1885 eingebaut worden. Der Stuck wurde in den 1960er-Jahren abgeschlagen. Rechts davon steht ein Parkhaus für Angestellte der Justiz, eine Bausünde der 1980er-Jahre. Rechts neben der Zufahrt hängt die Skulptur „Justitia", die die Bildhauerin Ludmila Seefried-Matejkova 1984 schuf.

„Justitia" am Kriminalgericht Moabit

Wir gehen weiter und biegen rechts in die **Wilsacker Straße** ein. In der Mauer auf der linken Straße befindet sich ein Durchlass, durch den wir auf den 1945 angelegten **Kriegsgräberfriedhof** gelangen. Hinten rechts befindet sich das namentlich gekennzeichnete Ehrengrab des Geografieprofessors Albrecht Georg Haushofer. Er wurde wegen Kontakte zu NS-Gegnern Ende 1944 verhaftet, am 23. April 1945 aus dem Zellengefängnis an der Invalidenstraße geholt und auf den Trümmern des ULAP-Geländes von der SS erschossen. Berühmt sind seine während der Haftzeit entstandenen Gedichte, die 1946 unter dem Titel „Moabiter Sonette“ veröffentlicht wurden.

Wir verlassen den Friedhof wieder, gehen zurück zur Straße Alt-Moabit und biegen rechts um die Ecke. Hier erreichen wir die von Karl Friedrich Schinkel entworfene evangelische **St.-Johannis-Kirche**, die am 24. Juni 1835 eingeweiht wurde. Der Turm und die Arkaden entstanden erst zwischen 1851 und 1856. 1943 zerstört, erfolgte die Wiedereinweihung 1957. Rechts an der Kirche vorbei gelangt man zum 1840 angelegten **Friedhof**. Links markiert ein eisernes Kreuz das erste und älteste Grab, nämlich das des Grundbesitzers Christian Friedrich Gericke. Rechts erinnert ein hohes Grabmal an den schon erwähnten Unternehmer Pflug, der 1886 im Alter von 76 Jahren starb.

Die St.-Johannis-Kirche 1861

Wir kehren zur Straße Alt-Moabit zurück. Am Eckhaus zur Kirchstraße auf der linken Seite (erbaut 1898) ist im Giebel ein Halbrelief von Albert Borsig zu erkennen, dem Sohn des Firmengründers August Borsig. Wir biegen in die Kirchstraße ein. 1850 hatte August Borsig die Maschinenbauanstalt der Königlichen Seehandlung auf der linken Straßenseite gekauft. Mit dem Umzug

nach Tegel gab die Firma Borsig diesen Standort 1896 auf, und die heutigen Wohnhäuser entstanden. Auf der rechten Seite hinten befinden sich die Neubauten des Amtsgerichts Tiergarten und des Verwaltungsgerichts Berlin, die am 1. Dezember 1993 an die Senatsverwaltung für Justiz übergeben wurden.

Die Moabiter „Bären"-Brücke um 1900, Blick auf den S-Bahnhof Bellevue

Vor der 1894 eröffneten **Moabiter Brücke** wenden wir uns nach rechts. Die eingeschmolzenen Bronzebären auf den Brückenpfeilern wurden 1981 durch gusseiserne Bären von Günter Anlauf ersetzt.

Wir gehen an der Spree entlang und kommen zur **Straße der Erinnerung**. Hier sind Skulpturen bedeutender Persönlichkeiten aufgestellt, unter ihnen Thomas Mann, Ludwig Mies van der Rohe, Walther Rathenau, Albrecht Haushofer, Konrad Zuse, Ludwig Erhardt, Albert Einstein, Käthe Kollwitz u. a. Initiator ist die Ernst-Freiberger-Stiftung. Der gleichnamige Gründer der Stiftung ließ 1992–1995 auch auf der rechten Seite das alles überragende U-förmige Gebäude mit den beiden zur Spreeseite hin gelegenen Bürotürmen errichten.

Von 1999 bis 2015 war hier das Bundesinnenministerium untergebracht. Ursprünglich arbeitete auf dem Areal von 1832 bis

1880 die Schumannsche Porzellanmanufaktur. 1887 übernahm der Meiereibesitzer Carl Bolle (1832-1910) das Gelände. Zwei Gebäudeflügel flankierten den Hof. Rechts, wo sich heute der Büroturm erhebt, lagen die zweigeschossigen Pferdestallungen. Links stehen noch heute die Produktionsgebäude, in denen sich seit 1994 Läden, Restaurants und direkt am Wasser ein neu gebautes Hotel befinden. Das Meiereigebäude links wurde 1892/93 bis zur Straße Alt-Moabit verlängert. Im zweiten Obergeschoss gab es bis 1918 eine Werkskapelle. Mit 1600 Plätzen war es der damals größte Gottesdienstraum in Berlin. Selbst die 1892–1894 errichtete Heilandskirche in unmittelbarer Nachbarschaft an der **Thusnelda-Allee** hatte nur 1400 Plätze. Die Kapelle wurde zunächst als Kino, dann von 1966 bis etwa 2000 von einem Theater genutzt. Seit 2014 befinden sich hier die Bolle-Festsäle. Die Werkskapelle war kennzeichnend für Bolles patriarchalischen Führungsstil einerseits, dem andererseits die damals beispiellosen sozialen Einrichtungen wie eine Betriebskrankenkasse, Zahlung von Witwen- und Waisengeld, ein Betriebskindergarten, eine Kinderlandverschickung, aber auch Kinderarbeit gegenüberstanden. Um die Jahrhundertwende beschäftigte er 2000 Personen. Im Zweiten Weltkrieg wurde die Meierei zu 60 Prozent zerstört oder schwer beschädigt. Den wiederaufgebauten

Kutscher der Meierei Bolle beim Beladen ihrer Fuhrwerke, 1925

Meiereibetrieb gab man jedoch 1969 endgültig auf. Das Gelände nutzten diverse Firmen als Lager und Wagenpark, bevor Ernst Freiberger es übernahm. Er führte die genannten Neu- und Umbauten im sogenannten **Spreebogen** durch. Ältere Berliner können sich noch an Bolle-Selbstbedienungsläden erinnern. 1955 waren es bereits 75 Filialen. 1987 wurde Bolle an die Coop AG verkauft. Nach deren Konkurs schloss man Bolle 1990 mit der Konsumgenossenschaft Berlin zusammen, die 1993 in das Eigentum der Deutsche SB-Kauf Handel GmbH überging.

Das Spreebogen-Zentrum auf dem Gelände der ehemaligen Meierei Bolle

Wir gehen über das ehemalige Bolle-Gelände durch bis zur Straße Alt-Moabit und wenden uns nach links. Auf dem angrenzenden Grundstück Alt-Moabit 95–97 befand sich die Porzellanmanufaktur Hermann Schomburg & Söhne. Sie stellte hauptsächlich Isolatoren für Telegrafen- und Stromleitungen her, bis sie 1902 wegen der Umweltbelastung nach Roßlau verlagert wurde. Das Gelände, das bis zur Spree reichte, wurde von mehreren Firmen genutzt. Das übrige Gelände zwischen Alt-Moabit, **Stromstraße** und Spree war Gewerbegebiet. Dazu zählen auch die Grundstücke Alt-Moabit 97–94 (heute Focus Teleport). Dazu später mehr.

Mit dem Bau des daran anschließenden Mietshauses Alt-Moabit 93 wurde 1859 begonnen, 1865 wurde es fertiggestellt und 1877 um zwei Seitenflügel ergänzt. Das um 1880 errichtete Haus Nr. 92 ist als Eckgebäude gestaltet, obwohl es hier keine Straßenecke gibt.

Der gegenüberliegende **Kleine Tiergarten** ist der Rest eines einst größeren Heide- und Waldgeländes, das 1876 als Parkanlage umgestaltet wurde.

Das Doppelwohnhaus Alt-Moabit 89–90 ließ der Mühlenbesitzer Friedrich Wilhelm Schütt im Jahr 1892 errichten. Die Neunzimmerwohnungen waren für Offiziere gedacht. Das Treppenhaus ist mit Marmor verkleidet, Treppengeländer und Wohnungstüren sind im Stil der Renaissance gehalten. 1986 eröffnete hier das Hotel Tiergarten.

Das Eckhaus Alt-Moabit 87/Stromstraße 10 A entstand 1881, möglicherweise durch die Erweiterung eines älteren Gebäudes von 1840.

Wir blicken nach rechts in die **Stromstraße** zur 1826 eröffneten **Schultheiss-Brauerei**. Das Sudhaus von 1872 ist heute noch vorhanden. Die Brauerei wurde 1980 stillgelegt und 2018 auf dem Gelände ein Shopping-Center eröffnet. Weiter vorne fällt schräg rechts die schon erwähnte 1894 eingeweihte Heilandskirche mit ihrem 87 Meter hohen Turm ins Auge.

Wir gehen links in die Stromstraße hinein. Das Gelände auf der rechten Straßenseite hatte August Borsig (1804–1854) etwa zwischen 1842 und 1847 gekauft. Von

Die ehemalige Schultheiss-Brauerei in der Stromstraße

seinem 1837 in der Chausseestraße gegründeten Unternehmen verlegte er zunächst nur den Maschinenbau nach Moabit. Das 1849 in Betrieb genommene Walzwerk ergänzte Borsig 1852 durch eine Kesselschmiede. Neben Eisenbahnzubehör wurden auch Dampfmaschinen sowie Halbfertigprodukte wie z. B. Kesselbleche, schmiedeeiserne Wellen und Achsen hergestellt.

Die Villa Borsig, vor 1867

Borsig ließ sich auf dem Grundstück Alt-Moabit 86/Stromstraße eine Villa bauen, die spätestens 1850 fertig gewesen sein dürfte. Sie stand rechts der heute einmündenden **Essener Straße**. Eine Attraktion waren die gleichzeitig angebauten Gewächshäuser, die, wie der sie umgebende Park von Lenné gestaltet, gegen Eintrittsgeld besichtigt werden konnten. Nach dem Abbruch der Villa 1911 blieb der Rest des Borsigschen Gartens nach Errichtung einer Randbebauung im Blockinnern als **Essener Park** erhalten. Zwar hatte Borsig die Produktion 1886 am Moabiter Standort konzentriert, doch erstens boten sich hier keine Erweiterungsmöglichkeiten und zweitens waren die Anwohner Lärm und Schmutz ausgesetzt. Daher zog die Firma 1898 vollständig nach Tegel um. Das Moabiter Betriebsgelände wurde zwischen 1899 und 1902 abgeräumt und bis 1909 mit Wohnungen bebaut. Wegen der neuen Straßen (Krefelder, Bochumer, Elberfelder, Essener, Dortmunder Straße) nennt man das Wohngebiet **Rheinisch-Westfälisches Viertel**.

Wenden wir uns der linken Straßenseite zu: Zu den ältesten Moabiter Wohngebäuden zählt das viergeschossige Haus Stromstraße 8, das 1853 errichtet wurde. Die daran anschließenden Häuser 7–4 wurden 1993 abgerissen. An ihrer Stelle entstand hier die Zufahrt zum **Focus Teleport**, einem modernen Büro- und Dienstleistungspark. Etwa 1873 hatte der Kaufmann Friedrich Wilhelm Schütt (1831–1901) an der Stromstraße 1–3 eine bereits bestehende Dampfmahl- und Schneidemühle übernommen. Ab 1883 ließ Schütt einen leistungsfähigeren Neubau errichten und entwickelte ihn bald zu einem der größten Mühlenbetriebe Deutschlands. Aus dieser Zeit ist noch das Verwaltungsgebäude an der Stromstraße 3 von 1886 erhalten. Über der Eingangstür an der rechten Seite hängt ein Mosaik. Dargestellt sind drei Ähren und ein „S“ für „Schütt“. Die Brotbäckereien von Schlüterbrot und Sökeland in der Nähe waren gute Kunden. 1922 übernahm Kurt Kampffmeyer (1896–1949) das Unternehmen, vergrößerte und modernisierte es. Als das Un-

Das Mosaik über dem Eingang zum Verwaltungsgebäude des Schüttschen Betriebs

Schlussszene aus Lessings Trauerspiel *Miss Sara Sampson* an der Lessingbrücke

ternehmen 1986 nach Spandau umzog, wurden Mühlen und Speichergebäude großflächig abgebrochen.

Stattdessen entstand ab 1987/88 zwischen Stromstraße, Spree und Alt-Moabit der erwähnte **„Focus Teleport"**, der in den folgenden Jahren immer weiter ausgebaut wurde. Erster Mieter waren Sony und das NCR-Computerwerk. Außerdem wurde hier 2009 die „International Psychoanalytic University" gegründet. Einen guten Blick auf den Komplex hat man von der **Lessigbrücke**.

Direkt am Ufer steht der mit gelben Backsteinen verkleidete **Ladeturm** von 1940. Das ältere fünfgeschossige Gebäude mit den hellen Glasursteinen rechts wurde 1911 für die Bergmannsche Wäscherei errichtet. Zusammen mit dem erwähnten Verwaltungsgebäude von Schütt und den Resten der Meierei Bolle sind dies die ältesten erhaltenen Gewerbebauten im Block zwischen Kirch- und Stromstraße.

Der Focus Teleport und die ehemalige Bergmannsche Wäscherei

Wir gehen nun über die Lessingbrücke. Die erste Brücke entstand hier 1877/78, die zweite 1902–1904. Die heutige Brücke wurde 1981–1983 gebaut. An den Pfeilern sind in Bronzereliefs Szenen aus Lessings Dramen dargestellt. Bildhauer der ersten Tafeln war Otto Lessing, ein Urgroßneffe des Dichters. Während des Zweiten Weltkrieges wurden einige Tafeln eingeschmolzen, 1980 aber neu geschaffen.

Claudiusstraße 3, erbaut 1893

Nachdem wir die Brücke überquert haben, gehen wir links die Treppe zum **Holsteiner Ufer** hinunter. Auf dem Weg zum S-Bahnhof Bellevue durchqueren wir die Reste des alten **Hansaviertels** mit z. T. hochherrschaftlicher Wohnbebauung. Das Viertel wurde im November 1943 fast vollständig zerstört und erfuhr durch die Interbau 1957 einen völlig veränderten Wiederaufbau. Wenn wir jedoch rechts in die **Claudiusstraße** einbiegen, sehen wir noch die alten Häuser, die in dieser Straße alle zwischen 1887 (Nr. 9) und 1894 (Nr. 6) erbaut wurden. Am Ende der Straße treffen wir auf den Bahnviadukt, von wo es links zum Bahnhof geht.

Der Wedding – An den Ufern der Panke

Wer „Wedding“ hört, denkt gewöhnlich an graue Mietshäuser, Ramschläden, viel Verkehr und laute Straßen. Auf diesem Spaziergang entlang des Bächleins Panke erleben Sie die kaum bekannten grünen und malerischen Ecken des Bezirks und erfahren etwas zur Historie der Gegend.

Wir beginnen unsere Tour am **U-Bahnhof Reinickendorfer Straße**, der 1923 in Betrieb ging. Zunächst blicken wir auf die Hochhäuser der Bayer AG, die hier pharmazeutische Produkte herstellt. Der Standort geht auf den Apotheker Ernst Christian Friedrich Schering zurück, der 1864 an der Müllerstraße mit dem Bau einer chemischen Fabrik begann.

Hauptgebäude der Bayer Pharma AG

Die Verwaltungshochhäuser rechts der **Sellerstraße** wurden 1970–1974 errichtet, links befindet sich das Gebäude der Clinical Research Services Berlin GmbH, in dem klinische Studien durchgeführt werden. Es fällt

Gebäude der Clinical Research Services Berlin GmbH

durch die geschwungene Glasfassade auf und wurde 1992 errichtet. Weil die ersten Schering-Gebäude etwas weiter rechts an der Müllerstraße (nahe der Ringbahn) standen, hatte sich 1859 hier zunächst eine Gasanstalt etabliert. Entlang der Sellerstraße entstanden bis zu sechs Gasometer. Das Gaswerk wurde 1912 stillgelegt und diente bis in die 1960er-Jahre nur noch als Behälterstation. Andere Gebäude fielen dem Zweiten Weltkrieg zum Opfer. So konnte sich Schering auf dieses frei gewordene Areal erweitern. Das traditionsreiche Unternehmen wurde 2006 von der Bayer Pharma AG übernommen.

Die kanalisierte Panke parallel zur Uferstraße

Wir überqueren die Straße, gehen in die **Schulzendorfer Straße** hinein und erreichen nach wenigen Metern die Panke. Von der Brücke aus sehen wir rechts ein großes Rechenwerk, das den Unrat im Wasser zurückhalten soll. Hier teilt sich die Panke: Der Südarm fließt unterirdisch in einem Rohr bis zur Spree am Schiffbauerdamm 4. Der Hauptarm mündet einen knappen Kilometer später in den Nordhafen.

Der Pankezug war ursprünglich eine flache, vertorfte Rinne, die die Schmelzwässer der letzten Eiszeit abführte. Straßennamen wie Ufer-, Fenn-, Wiesen- und Torfstraße deuten auf die kleinen Teiche und Rinnen hin, die später im Spandauer Schiffahrtskanal aufgingen. Die Panke, die bei Bernau entspringt, wurde mehrfach verlegt und begradigt. Zahlreiche Wassermühlen und Überschwemmungen belegen, dass der Bach früher mehr Wasser führte. Ein solches Hochwasser brachte z. B. 1888 einen Pferdestall zum Einsturz, der rechts kurz vor der Brücke stand. Da einst chemische Betriebe, Schlachthäuser und Brauereien ihre

Abwässer in die Panke leiteten oder Anwohner ihren Müll hineinwarfen, wurde die „Stinkepanke“ bald sprichwörtlich: „Wo die Panke mit Gestanke durch den Wedding rinnt, da halten sich die Nase zu, Mann und Frau und Kind.“ Die Fabriken existieren nicht mehr, das Wasser wurde wieder sauberer, und seit 1951 entfernte man vielerorts die Grabenmauern, um wieder begrünte Uferböschungen zu schaffen. Wir überqueren die Straße und gehen links in die Grünanlage, entgegen der Fließrichtung am rechten Ufer der Panke entlang. Hier stand einst eine chemische Fabrik, später ein Schleifscheibenwerk. Dessen Zerstörung ermöglichte die Anlage eines Grünzuges.

Die Schönwalder Straßenbrücke

Bald erreichen wir die **Schönwalder Straßenbrücke**, deren Original-Schmuckgeländer von 1883 noch erhalten ist. Auf der anderen Straßenseite geht der Grünzug weiter, weil die kriegsgeschädigte Bebauung rechts der Panke großflächig abgerissen wurde. An ihrer Stelle entstand weiter rechts 1970 eine gestaffelte achtgeschossige Wohnbebauung, die 2018 ergänzt wurde.

Wir erreichen die **Gerichtstraße**. Auf der linken Seite stand von 1908 bis 2016 das Stadtbad Wedding, das bereits 2001 geschlossen wurde. An seiner Stelle entstanden 333 Studenten-Apartments.

Wir überqueren die Gerichtstraße und gehen am rechten Ufer der Panke entlang. Um 1980 brach man

die alten Mietskasernen ab, die auf der rechten Seite standen. Da die Neubebauung keine Hinterhäuser mehr hatte, war Platz für einen Uferweg. Wir gehen links über eine kleine Brücke und erreichen den Gewerbehof **Industriewerkstätten des Nordens**. Der Komplex entstand 1906/07 an der Gerichtstraße 23. In den ersten beiden Höfen befinden sich Wohnungen, Hof drei bis fünf bleiben dem Gewerbe vorbehalten. Heute vermietet die **Fabrik 23 GmbH** den Gewerbehof mit dem authentischen Industrieambiente für Film- und Fotoproduktionen, Workshops oder auch private Events.

Teile der Wiesenburg vor Beginn der Abriss- und Sanierungsarbeiten

Nach dem Durchgang blicken wir auf das gegenüberliegende Ufer. Hier sehen wir die Reste der sogenannten **Wiesenburg**. Der Berliner Asylverein für Obdachlose hatte hier 1896 an der Wiesenstraße eine Unterkunft für 700 Männer eröffnet. Ab 1907 war zusätzlich Platz für 400 Frauen geschaffen worden. Nach dem Ersten Weltkrieg wurde der Asylbetrieb immer kleiner. Die freien Räume nutzten später u. a. eine Konservenfabrik, eine Metallgießerei und eine Vergaserfirma. 1944/45 wurde die Wiesenburg durch Brandbomben zum großen Teil zerstört. Diese Bereiche wurden dem Verfall und der Natur überlassen. Ab und zu dienten die Ruinen als Filmkulisse. 1970 arbeiteten hier noch eine Heringsgroßhandlung und eine Metallgießerei. Neben Kleingewerbe wohnten hier Ausgebombte und Künstler, die sich im „Wiesenburg e. V." zusammenschlossen. Seit 2014 gehört das Gelände der Wohnungsbaugesellschaft degewo. 2019 begannen umfangreiche Teilabbrüche und Sanierungen.

Wir unterqueren nun die **Ringbahn**, deren östlicher Abschnitt (Moabit-Wedding-Stralau-Schöneberg) 1867–1871 gebaut wurde. Mit Eröffnung des westlichen Abschnitts 1877 war der Ring geschlossen.

Die Herbert-Hoover-Schule in der Pankstraße

Nach der Brücke sehen wir rechts am anderen Ufer das historische Gebäude des 1884–1887 errichteten Lessing-Gymnasiums, das heute von einer integrierten Sekundarschule genutzt wird. Auf der linken Seite befand sich einst eine Berufsschule, die im Zweiten Weltkrieg zerstört wurde.

Wir überqueren unter großer Vorsicht die **Pankstraße** und halten uns weiter links der Panke. Die mehrgeschossigen Wohnzeilen links zur Kösliner Straße hin entstanden Anfang der 1950er-Jahre auf abgeräumten Ruinengrundstücken. Den Erdgeschosswohnungen ist sogar eine kleine Terrasse mit Gärtchen vorgelagert. Von den Balkons links und rechts hat man einen malerischen Blick ins Grüne und auf die Panke.

Auf einer niedrigen Ufermauer rechts können wir uns hinsetzen und einen Moment ausruhen. Das gibt uns Gelegenheit, kurz etwas über die Geschichte des Wedding zu erfahren.

Der Weddinghof um 1900

In einer ersten Urkunde von 1251 finden eine Mühle an der Panke, ein vermutlich bereits wüst gefallenes Dorf Wedding und ein Gehöft namens Wedding Erwähnung. Die genannten Gebäude dürften hier, also in der Umgebung des **Nettelbeckplatzes**, für einige Jahrzehnte bestanden haben. Der Name stammt wahrscheinlich vom Adelsgeschlecht derer „von Weddingen". Im Jahr 1601 kam es zur Neuanlage einer Meierei direkt nördlich des Nettelbeckplatzes. Die Reste des sogenannten Weddinghofs wurden um 1900 für den Bau von Mietshäusern abgebrochen.

Etwa 1730 hatte die Abholzung des Waldes nördlich Berlins begonnen. Das führte in der Folge zu Erosion und Flugsand, so dass keine Landwirtschaft möglich war. Unter König Friedrich dem Großen wurde die Ansiedlung von Glaubensflüchtlingen und sonstigen Neusiedlern aus dem Voigtland, aus Böhmen, Bayern oder der Schweiz intensiviert (Friderizianische Kolonisation). Davon profitierte auch der heutige Wedding, der aus Siedlungsinseln zusammenwuchs.

Wir gehen weiter bis zur Wiesenstraße. Hier – im Winkel **Wiesen-/Uferstraße** – gründete der Gastwirt Johann Friedrich Corsica 1778 die „Kolonie am Wedding" oder „Corsicas Garten". Er ließ drei Kolonistenhäuser für sechs Familien und einen Wirtschaftshof samt Wohngebäude errichten sowie mehrere hundert Obstbäume pflanzen. 1817 bestand die Kolonie aus 14 Häusern und hatte 102 Einwohner. Es gibt heute keine baulichen Relikte mehr.

An der **Walter-Röber-Brücke**, benannt nach dem Bezirksbürgermeister von Wedding (1946–1956), steht seit 1981 ein Gedenkstein. Er erinnert an den sogenannten Blutmai: Als Arbeiter am 1. Mai 1929 ein verhängtes Demonstrationsverbot ignorierten, schoss die Polizei auf unbewaffnete Mai-Demonstranten und unbeteiligte Zivilisten. Viele Menschen zogen sich in die **Kösliner Straße** zurück, wo es zu Barrikadenkämpfen kam. Dabei kamen 19 Menschen ums Leben, 250 wurden verletzt. Die Kösliner Straße verläuft wenige Meter parallel zu unserem Weg an der Panke

Der Gedenkstein für die Opfer der Straßenkämpfe 1929 an der Walter-Röber-Brücke

Wir überqueren die Brücke und gehen rechts der Panke in die **Orthstraße** hinein. Rechts befindet sich seit etwa 1970 die Albert-Gutzmann-Schule. Es handelt sich um ein sonderpädagogisches Förderzentrum mit dem Schwerpunkt „Sprache", eine Grundschule und eine Schule mit Lerngruppen für Neuzugänge ohne Deutschkenntnisse.

Wir biegen rechts in die **Schönstedtstraße** ein, um das monumentale **Amtsgericht** bewundern zu können. Es entstand zwischen 1901 und 1906 und ist der Albrechtsburg in Meißen nachempfunden. Auf dem ursprünglich sumpfigen Gelände war durch den kaum tragfähigen Baugrund kein Bau von renditeträchtigen Wohnquartieren möglich. Deshalb steht das Gerichtsgebäude auf Betoneisenpfählen.

Wir gehen zurück und überqueren die Panke an der Schönstedtstraßenbrücke. Namensgeber war der preußische Staats- und Justizminister Karl Heinrich von Schönstedt.

Reichsadler auf einem Eichenlaubkranz im Giebel des Amtsgerichts. Das Hakenkreuz in der Mitte des Kranzes wurde nach 1945 entfernt.

Wir biegen rechts in die **Uferstraße** ein. An der Ecke zur **Martin-Opitz-Straße** lag eine weitere Siedlungsinsel. Der aus der Ansbacher Gegend stammende Gärtner Johann Georg Thiele ließ hier 1782 ein Fachwerkhaus mit Stube, Kammer und Stall errichten, wovon nichts mehr erhalten ist.

Links, an der Uferstraße 8, eröffnete 1890 die Große Berliner Pferdebahn AG ihr Depot für Wagen und Pferde. 1897 kam das Nachbargrundstück Nr. 7 dazu. Zwischen 1896 und 1902 stellte man den Pferdebahnbetrieb zugunsten elektrischer Straßenbahnen ein, die nun bis

1961 hier ihre Wagenhallen hatten. Anschließend wurde der Komplex Hauptwerkstatt für Linienbusse.

Ein weiteres Depot der „Grossen Berliner Pferde-Eisenbahn Actien-Gesellschaft“ entstand bereits 1873 gegenüber (rechts). Es erstreckt sich bis zur **Badstraße**. Hier befanden sich Pferdeställe, Wagenschuppen, Werkstätten, eine Schmiede und eine Sattlerei. Ab 1930 nutzte die BVG das Gelände als Hauptwerkstätte und für den Fuhrpark. 2007 kaufte die UferHallen Immobilien AG, ein Zusammenschluss privater kunstinteressierter Investoren, das 37 000 Quadratmeter große Areal. Es entstanden Kulturwerkstätten und Ausstellungshallen, die an Künstler, Architekten und Musiker vermietet werden. Zugleich fand der zeitgenössische Tanz hier einen Standort. 2017 erwarb eine aus mehreren Privatpersonen bestehende Investorengruppe (Übernahme von Mehrheit der Aktien) die denkmalgeschützten Uferhallen für 27 Millionen Euro, die 50 Ateliers beherbergen.

Haben wir die Badstraße erreicht, so erblicken wir schräg gegenüber ein fünfgeschossiges Gebäude mit roter Backsteinfassade. Es ist das 1892 errichtete Wohnhaus für die Angestellten der Tresorfabrik S. J. Arnheim.

Wir überqueren die Badstraße und gehen an dem Haus vorbei. An der rechten Giebelseite erinnert eine Werbeschrift an die Tresorfabrik, die hinter dem Wohnhaus

Ehemaliger dreistöckiger Etagen-Pferdestall des Straßenbahnbetriebshofes Gesundbrunnen, Uferstraße 8, 1891 erbaut, heute weitgehend überformt

Werbeschrift an der Giebelseite des Hauses Badstraße 40–41

stand. Dorthin gelangt man über einen Weg rechts entlang der Panke und eine Fußgängerbrücke, die uns auf die linke Seite führt. Die Arnheimsche Tresorfabrik war lange Zeit eine der größten und ältesten Spezialfabriken für Kassen- und Tresorbau in Europa. Die Firma wurde 1938 geschlossen, deren Fabrikhallen werden seit 1985 von Bildhauern genutzt. Am Ufer der Panke ist auch ein altes Mühlenhaus aus der Zeit um 1845 zu sehen.

Wir gehen über die Brücke zurück. Gegenüber steht die Stadtbücherei „Bibliothek am Luisenbad", die seit 1995 teilweise in der ehemaligen Kaffeeküche des Luisenbades von 1905 untergebracht ist. Der Name erinnert daran, dass man hier im Jahre 1748 eine eisenhaltige Quelle entdeckte. Der Arzt Heinrich Wilhelm Behm richtete 1757 ein Kurbad ein, denn das Wasser sollte gegen Gicht und Rheuma helfen. In einem weitläufigen Park entstanden ein Brunnenhäuschen, ein Gästehaus, ein Restaurant, ein Stall, ein Gärtnerhaus und eine Meierei. Ab 1809 hieß die Anlage „Luisenbad", aber der Name „Gesundbrunnen" setzte sich im Volksmund durch und gab dem Ortsteil seinen Namen. Die Anlage erfuhr in den darauffolgenden Jahrzehnten mehrere Erweiterungen. Als die Badstraße 1879/80 ausgebaut wurde, fielen etliche Gebäude und Teile des

Brunnenparks der Verbreiterung zum Opfer. Außerdem verschüttete man beim Bau der städtischen Kanalisation 1882 versehentlich die Quelle, die daraufhin durch Trübung des Wassers auf Dauer unbrauchbar blieb. Das an dieser Stelle befindliche Restaurant „Luisenbad“ wurde 1891 abgerissen und die Quelle 1892/93 mit dem heutigen Eckhaus Badstraße 38 (Luisenhaus) überbaut. Sie befand sich im Keller und wurde 1961 zugeschüttet und 1964 zubetoniert. Das Luisenhaus wurde 1906 zu einem Drittel abgerissen und hat seither eine auffällig verklinkerte Fassade. Im oberen Teil zeigt ein Relief das Brunnenhäuschen und die Inschrift „In fonte salus“ („In der Quelle ist das Heil“).

Geht man links an der erwähnten Bibliothek vorbei, erreicht man die Rückseite des Hauses Badstraße 35–36 – und staunt über die neoklassizistische Fassade in einem Hinterhof. Vor das 1875 errichtete Wohnhaus wurde 1905 ein weiteres Wohnhaus gesetzt, so dass das ältere stuckgeschmückte Gebäude nun im Hinterhof liegt. Meist ist der Durchgang unverschlossen, durch den man

Das Brunnenhäuschen um 1885

die Badstraße wieder erreicht. Sie wurde 1848/49 als Hauptverbindung nach Reinickendorf ausgebaut, zunächst allerdings ein wenig planlos. Daher macht sie noch heute zweimal einen Knick. Erst seit 1875 galt hier ein neues Baufluchtliniengesetz. Zu den ältesten Mietshäusern gehört das dreigeschossige Haus Badstraße 29, das 1862 erbaut wurde.

An der Ecke Bad-/Prinzenstraße sehen wir rechts die St.-Pauls-Kirche. Karl Friedrich Schinkel erhielt 1828 den königlichen Auftrag, vier Kirchen für den Wedding, Moabit und das Voigtland zu entwerfen. Die Kirchen wurden Juni/Juli 1835 eingeweiht: St.-Elisabeth-Kirche (Invaliden-/Badstraße), St.-Johannis-Kirche (Alt-Moabit, s. S. 45), Nazarethkirche (Müller-/Schulstraße) und St.-Pauls-Kirche (Bad-/Pankstraße). Sie ist in den letzten Tagen des Zweiten Weltkrieges bis auf die Grundmauern abgebrannt. Das Äußere wurde 1953–1957 nach altem Vorbild wiederhergestellt.

Der Hof des Hauses Badstraße 35–36, Hinterhaus, erbaut 1875, mit neoklassizistischer Fassade

Vom 1977 eröffneten U-Bahnhof Pankstraße (U8) können wir den Wedding wieder verlassen.